RÉPONSE

A LA CIRCULAIRE DU CURÉ LAURENT,

APOLOGISTE DÉVOUÉ

DE M. LAURENT LACOMPARD,

DE BÉFORT.

La VÉRITÉ, voilà ce qui doit nous défendre.

LA-HARPE, *Mélanie*. Acte 2.

La publicité est donc bonne à quelque chose, Monsieur le curé, puisqu'elle a pu, tout d'abord, vous arracher l'aveu précieux qu'il s'est *glissé* des erreurs dans votre dernier compte-rendu ! Cet aveu s'accorde bien mal avec l'infaillibilité que vous et votre très-digne, très-cher accolyte, le marguiller Lacompard, vous vous êtes attribuée, puisque dès l'apparition de la note de M. Spiess, vous avez dit qu'elle ne renfermait que de *sottes calomnies*, que des allégations *grossières* et *mensongères*, que des *injures*. Ce n'est pas d'aujourd'hui que certaines gens ont appelé la vérité « calomnie « — des faits « des mensonges « — des chiffres « des injures « — des manquements de probité « des erreurs. « — Il y a dans le dictionnaire des réverends pères de la Ruse une collection mirifique de mots secourables et bénins au moyen desquels on voile ce qui est hideux, on pallie ce qui est inexcusable, on escamote enfin le fond par la forme. Mais malheureusement tout cela devient impuissant contre des chiffres; car des chiffres, c'est impitoyable ! il faut courber la tête devant eux. — Aussi a-t-il fallu vous incliner devant ceux que M. Spiess vous a présentés. Mais tout en baissant le *chef* devant ces redoutables signes, vous essayez d'en détourner l'effet. On vous signale par A plus B, un déficit dans votre compte et par conséquent un reliquat clandestin à votre profit. — Que faites-vous ? que dites-vous?...

— » Oh, ce sont des *erreurs* qui se sont glissés dans ce compte ! « — Voilà des expressions bien douces, bien adroites, bien indulgentes, et d'un emploi charmant. Le mal a tout cela est, que des erreurs qui se glissent dans un compte font, *en même temps*, glisser des écus dans la caisse. Les écus vous ont-ils joué le malin tour de se glisser dans votre coffre à votre insçu ?... A qui ferez-vous croire cela, Monsieur? Puisque vous voulez que vos chiffres accusateurs soient des injures, je le veux bien aussi; mais à qui la faute? L'essentiel est de vous en laver : voyons si vous y avez réussi.

On vous a prouvé que vous avez porté en *dépense* une somme de 2400 fr., et que vous ne l'aviez point fait figurer *en recette*; d'où il fallait conclure de toute nécessité, que cette somme, soustraite de la recette, était restée dans votre poche, ou si vous le voulez, dans votre cassette occulte, dans votre *goyotte pastorale*.

A cela quelle réponse? — « C'est une erreur, dites-vous; j'ai bien palpé l'argent, mais M. Metz, le rédacteur du compte, a eu tort de porter les 2400 fr. en *dépense* dans le compte-rendu du Bas-Rhin, attendu qu'elle ne concerne que celui du *Haut-Rhin*... «

Que résulte-t-il de là ? Que le chanoine Metz *) aurait placé dans son compte du Bas-Rhin une *dépense fictive*, *purement imaginaire* de 2400 fr. D'où la conséquence mathématique, que la dépense devant être *diminuée* de cette somme, le reliquat de caisse

de M. Metz porté par lui à . .	1663 fr.	65 c.
devra être augmenté de . .	2400	—
et serait dès-lors de . . .	4063 fr.	65 c.

* On sait très bien dans le public que le vénérable chanoine n'est point le principal rédacteur des comptes publiés. Le curé Laurent lui a envoyé ses comptes tout faits. Aussi porte-t-il en dépense 23 fr. pour la copie de ses comptes. A chacun ses œuvres.

Mais, Monsieur le curé, y avez-vous bien réfléchi? Accuser M. Metz d'avoir soustrait une somme de 2400 fr. au moyen d'une dépense fausse!... Quant à moi, je n'admets pas que cette accusation, que les chiffres font tomber sur la tête du curé Laurent, le seul et vrai comptable, je n'admets pas, dis-je, que cette accusation puisse être reportée sur la tête du vénérable chanoine Metz, dont on connaît la scrupuleuse délicatesse et la rigoureuse probité. Quoiqu'il en soit, il faut que ce point soit éclairci, car il y a au cas actuel, *calomnie* et *improbité* à placer quelque part, la question se réduit à ces deux termes :

— Ou le compte de Monsieur Metz est sincère, et alors il convainct le curé Laurent d'avoir retenu par devers lui une somme de 2400 fr. non porté en recette;

— Ou bien l'assertion du curé Laurent est fondée, et en ce cas M. Metz aura retenu, au moyen d'une dépense fictive, la dite somme de 2400 fr. au détriment des donateurs.

En deux mots : ou le compte calomnie M. Laurent — ou M. Laurent calomnie M. Metz — or cette question est facile à résoudre.

M. Metz n'a point eu le *maniement* des fonds; de sorte que les 2400 fr. n'ont pu arriver de Béfort dans ses mains et s'engouffrer dans sa caisse; de telle sorte encore, que s'il y a eu *erreur* dans le chiffre, le résultat matériel du chiffre erronné est tout bonnement, tout saintement, tout *lorrainement*, resté dans la bourse de celui qui a reçu les fonds et les a maniés? — Or, quel est cet homme? n'est-ce pas le curé Laurent? »*O auri sacra fames!!*«

Il est incontestable que si les 2400 fr. doivent être

retranchés du compte du Bas-Rhin, le reliquat actif sur le compte en augmentera d'autant, ainsi que nous l'avons dit.

Ce n'est pas tout ; les chiffres de M. Spiess ont amené un autre résultat : M. le curé Laurent avoue qu'il y a encore une erreur de 212 fr., provenant d'une omission.

Il y a mieux, ou il y a *plus mal* encore : M. le curé vient de publier, outre sa lettre, un *supplément* de compte où il annonce que l'on a par INADVERTANCE ENTIÈREMENT OMIS le montant des dons volontaires du canton de Ribeauvillé, montant à 687 fr.....

Que dites-vous, lecteurs, que direz-vous, donateurs, de ces deux nouveaux faits, de ces inadvertances, de ces omissions, desquelles on ne s'est aperçu que depuis la publication de la note de M. Spiess ?

Si de tels aveux forcés sont d'un effet mortel, c'est qu'ils tirent leur venin de leurs auteurs. Oui, oui, répétons-le avec le curé Laurent, les chiffres sont de sanglantes injures.

Le résultat de ces deux omissions, montant ensemble à 899 fr. est encore à ajouter au reliquat de M. le curé.

Quant au *détournement illégal* que M. le curé a fait de l'argent des donateurs, pour *faire des procès*, au lieu de l'appliquer au paiement des dettes du collége, M. le curé n'a pu fournir *aucune excuse* ; car il n'y en a pas pour une pareille violation de mandat et de destination. Il y a en cela un mépris audacieux et insultant pour la volonté des donateurs, dont on a *imploré* les écus et dont on nargue effrontément les intentions.

Pour toute réponse M. le curé se contente de *dé-*

plorer les *frais de procédure*... et d'inviter les créanciers, avec lesquels il a plaidé, à la *restitution* de ces frais qu'ils doivent en *conscience*. — Ce qu'il faut *déplorer*, c'est la souveraine contemption que M. le curé a faite des volontés des donateurs, du mauvais emploi de leur argent : Quant à la conscience, il est à désirer que celles de M. le curé, de M. Lacompard et celle d'un autre personnage soient aussi tranquilles que celles des créanciers, dont ce *trio sinistre* poursuit la spoliation.

Ainsi donc, la publicité a déjà empêché que des *copistes maladroits* ne fissent la douce violence au curé Laurent, de laisser s'enfouir dans sa cassette le *résultat palpable* des *omissions* et des *erreurs*, que l'on vient de signaler et de faire arriver à jour.

Mais jusqu'à quelles précieuses découvertes n'irait-on pas avec cette publicité, si elle pouvait pénétrer dans le *dédale* de ces comptes, qui ont valu à leur divin rédacteur, le marguiller Lacompard, le titre de *providence terrestre*, dont M. le curé Laurent se plait à l'affubler en reconnaissance de la manière adroite, avec laquelle cet *habile comptable* a su grouper des chiffres et jeter un voile, qui déguise la véritable nature de certaines dépenses! *)

»Vous en imposez, s'écrie le curé Laurent : je n'ai pas eu besoin de M. Lacompard, pour faire une pareille besogne; si j'ai dépensé 25 fr. pour la rédac-

*) Nous avertissons charitablement les rédacteurs des comptes imprimés, que le chiffre de la commune de Brumath exige *certaines corrections*.... et il sera prudent de les faire, à moins que l'on n'aime mieux attendre que ces *corrections* soient infligées. Des quatre règles de l'arithmétique, celle de la *soustraction* est la plus facile et la plus attrayante.... Mais elle est parfois bien dangereuse et conduit loin.

tion des comptes, ce n'est pas à M. Lacompard que je les ai payés, mais à un jeune écrivain qui m'a servi de copiste.» — Soit. — Mais dites-nous, M. le curé, pourquoi avez-vous versé entre les mains du marguiller Lacompard la somme de 2186 fr. 60 c.

»Oh, je vais vous expliquer à quel titre! M. Ulrich était créancier de l'abbé Lienhart par un jugement, qui aurait eu son *exécution*, si M. Lacompard n'eût pas fait l'avance de cette somme. L'abbé Lienhart souscrivit à l'ordre de ce dernier un effet de commerce à quatre mois, qu'il promit de payer sur parole d'honneur: mais il ne l'a pas acquitté.«

Je savais bien qu'on vous forcerait à vous expliquer, M. le curé; mais, je vous le dis, votre explication est une infâme imposture. Apprenez, M. le curé Laurent, que je n'ai donné au marguiller Lacompard ni *billet*, ni parole d'honneur. Je vous défie, vous et lui, de justifier ce honteux mensonge: ce qui a eu lieu, je vais le dire; c'est à vous, à qui vous imputerez la *révélation* de ce que vous eussiez dû cacher.

Je n'ai jamais rien dû au sieur Ulrich, mais bien à M. Haas, l'ancien député. Celui-ci m'avait avancé non pour moi, mais pour le *service du Collége*, quelque peu d'argent. C'était au moment *des élections*; on me supposait quelqu'*influence*.....

M. Haas fut nommé; et cet évènement valut au marguiller Lacompard le titre de chevalier de la légion d'honneur: *risum teneatis amici*. Les élections passées, M. Haas fit figurer la somme avancée au compte et au nom du sieur Ulrich, son neveu, et plus tard on dirigea contre moi des poursuites judiciaires, que le sieur Lacompard aurait dû arrêter, ne fut-ce que par reconnaissance pour les *services* qui lui ont fait obtenir la précieuse décoration *électorale*....

Je demanderai maintenant de quel droit M. Laurent s'est ingéré de payer soit à M. Lacompard, soit à M. Ulrich la créance en question à l'exception de beaucoup d'autres créances à cause desquelles je suis encore *aujourd'hui* en butte à des poursuites judiciaires?... On a refusé jusqu'ici de solder un grand nombre d'autres créanciers, qui avaient versé des fonds pour le Collége. M. le curé a fait en faveur du marguiller Lacompard *uniquement* ce qu'il n'a pas voulu faire à l'égard des premiers. Voilà la justice de M. le curé! Il a deux poids et deux mesures; mais que ne ferait-il pas pour M. Lacompard, qu'il *divinise*, qu'il parfume et qu'il roussit d'un grossier et nauséabond encens échappé de ses *cassolettes curiales*; pour M. Lacompard, dont il vante la bienfaisance (lui qui n'a pas donné un sol au Collége), dont il prône la capacité financière... la capacité financière! qui s'en serait douté!... elle vaut bien la capacité ecclésiastique de M. le curé. *) Passez-vous l'encensoir, Messieurs.

*) A l'époque où je tenais encore les rênes de l'administration du Collége épiscopal, étant investi de la *haute confiance* des autorités civiles et ecclésiastiques, M. Lacompard, accompagné de M. le sous-préfet d'Agrain, vint me trouver à Lachapelle, afin d'obtenir de M. l'évêque Tharin, par mon *entremise*, la destitution *canonique* de M. le curé Laurent. Ces deux Messieurs prétextèrent la *nullité* de leur curé, ses infirmités corporelles et spirituelles, pour ne pas dire *incapacité*.. Ils s'employèrent ardemment pour leur petit-gros et intrigant vicaire, qui *déjà alors* cherchait à supplanter son vieux curé. Je ne cite ici ce fait *incontestable* que pour faire connaître à notre loyal clergé, que ce n'est pas la première fois que M. Lacompard est devenu l'instrument *docile* et *aveugle* d'un parti que je m'abstiens de qualifier.

Il a fallu que d'au-delà des Vosges, d'où ne vient, comme on dit, *ni bonnes gens, ni bon vent*, il arrivât en Alsace, pays classique de la *loyauté*, un homme tel que M. le curé Laurent; il a fallu qu'il se rencontrât avec lui un marguiller de Béfort, pour que de la réunion de ces deux fortes têtes sortît le *salut* du Collége de Lachapelle; il a fallu que ces deux hommes fissent jonction avec une autre personne sacrée, M. R., dont ils sont devenus les dévoués, l'un à poste fixe, l'autre comme Séïde nomade, courrier ecclésiastique, courant incessament de Béfort à Lachapelle, de Lachapelle à Colmar, de Colmar à Strasbourg et *vice versa*; il a fallu tout cela, dis-je, pour qu'aussitôt l'on vit éclore, de par ce triumvirat, contre moi la plus *effroyable des persécutions*, et contre les généreux créanciers du Collège les plus odieuses *vexations* judiciaires.

La divine providence et M. Lacompard.... Ah! n'employez pas, de grâce, ce nom sacré de providence, ne le profanez pas! qu'a fait votre Lacompard? a-t-il, comme mon oncle, versé pour le Collège des sommes *énormes*, dont on veut le *spolier* dans ma *personne?* est-il comme lui le fondateur du Collége? le bienfaisant Lacompard n'a pas donné un *centime* au Collège. Qu'a-t-il donc fait? il a bien diné au Collège; de plus il a voyagé, et beaucoup et toujours, mangé, couché et bu, etc. aux *frais des donnateurs*; quel homme méritant! — La divine providence! elle permet bien des choses, bien des injustices, bien des *perversités*, *fardées d'hypocrisie*, mais ce n'est que pour un temps; sa justice arrive tôt ou tard; c'est là que je vous attends....

Il ne manquait plus pour couronner l'œuvre, que de vanter *l'éloquence* du défenseur de l'évéché à Colmar; bon Dieu! qu'en diront les avocats distingués de la Cour royale de Colmar, qui tous se sont refusés à plaider la cause de l'Évéché....

Oui, il est vrai, la Cour d'appel a cru devoir *en droit*, délier M. l'évèque de ses obligations. Mais rappellez-vous bien, M. le curé, qu'il n'est rien au monde, qu'il n'est personne sur la terre, qui puisse effacer un *fait* et dégager la conscience de ses engagements; rappellez-vous que le tribunal de Strasbourg, sur *ce fait*, a condamné M. l'évèque; rappellez-vous enfin ces éloquentes paroles du ministère public : » LA MARCHE DE CETTE AFFAIRE NOUS A PARU PEU DIGNE . . . . Si chacun de nous a pu faire la réflexion qu'il eût mieux valu, dans l'intérêt bien entendu de M. de Trévern, nous pourrions dire dans celui de la religion, terminer, sans l'intervention des tribunaux, une affaire qui laissera toujours quelque prise au scandale, vous vous rappelerez, Messieurs, qu'il s'agit d'un vieillard presque octogénaire, peu versé dans nos lois, peut-être *mal conseillé*.... » *)

Puis, M. le curé, tout n'est pas terminé; soyez-en certain, la justice ne me manquera pas. Tout enfin n'est pas perdu; quand on n'aurait fait que livrer ses

*) Ces paroles remarquables d'un magistrat éclairé et impartial sont des stygmates *indélébiles*, qui flétrisent à jamais les auteurs de cet injuste et scandaleux procès, que la *malveillance* des uns et la *cupidité* des autres cherchent à traîner en longueur et dont notre bon clergé est *condamné* à payer les frais.

Monsieur de Trevern vient de perdre son plus intime et trop *influent* conseiller. Le temps des récriminations est passé. Que le Seigneur use envers lui de ses *grandes* miséricordes! Qu'il nous soit permis d'émettre le vœu que notre Evêque place désormais sa confiance dans un ecclésiastique qui puisse, par son *expérience*, sa *sagesse*, ses lumières et ses vertus, détruire le scandale de cette *fâcheuse désunion* qui afflige notre beau diocèse!

adversaires au remords de la conscience, aux animadversions de l'opinion publique, éclairée par la publicité, ce ne serait peut-être pas suffisant pour venger des *spoliations* commises ou tentées, mais à coup sûr c'en serait assez pour vous et vos semblables.

J. B. Lienhart,
ancien Principal du Collége de Lachapelle.

APPENDICE.

Apud christianos non qui patitur, sed qui facit contumliam miser est.
St.-Hieronimus, *ep.* 15, *ad Marcum presbyterum.*

On a répandu avec profusion contre moi un *sot* libelle, *) que le public du Haut-Rhin assure avoir été fabriqué par des *apprentis*-professeurs *ecclésiastiques*.

Cet écrit diffamatoire ne m'important guères et ne pouvant faire tort qu'à ses lâches et perfides auteurs, y répondre serait se *salir*....

Mais comme au milieu de ce débordement d'injures et d'allusions *grossières*, on a avancé contre moi un fait, qui pourrait porter atteinte à l'honneur et à la réputation de vieux et estimables curés de l'arrondissement de Béfort, longtemps en butte aux injustes persécutions de M. l'abbé Laurent, je dois relever ce fait, pour en faire *ressortir* toute la fausseté et toute la *perfidie*.

Non! certes non! ce n'est pas dans des vues *d'intérêt personnel*, comme le font entendre les *misérables* pamphlétaires, mais afin de venir au *secours*, du Collége de Lachapelle que les généreux curés de Delle, de Traubach, de Rougemont et autres, ont versé d'assez fortes sommes entre les mains

*) Je sais de source *certaine*, que le secrétaire de l'Evéché s'est constitué le *colporteur* et le distributeur de cette *pitoyable* production.

de M. le chanoine Birgi, *alors* économe de cet établissement et aujourd'hui secrétaire intime de M. l'Evêque. C'est ce *secrétaire* même, et non pas le *principal*, comme on *l'insinue*, qui en a fait la recette et la dépense. J'invoque ici son témoignage, sans crainte d'en recevoir un démenti.

Je ne suis point l'auteur de l'*acrimonieux* et *satyrique* pamphlet que l'on a publié contre trois curés cantonnaux de l'arrondissement de Béfort, dont deux, j'ose le dire ici, doivent leurs excellentes cures non à leurs mérites, ni à leurs talents, ni à l'*ancienneté* de leurs services, mais à la faveur et à l'intrigue; et dont le troisième, qui m'a payé d'*ingratitude*, *gémirait* encore, comme beaucoup de ses confrères, sous le *joug* de l'*amovibilité*, sans mes *pressantes* recommandations et mon refus *réitéré* de la cure de Lachapelle. J'ai révêtu de ma signature tous les écrits qui *m'appartiennent*, et que j'ai livrés à la publicité non par *méchanceté* ni dans le but d'appeler la *déconsidération* et la défaveur sur la personne de M. l'Evêque, mais pour défendre mon honneur *outragé*, mes intérêts *froissés* et ma pénible gestion du Collége de Lachapelle *calomnié*, ainsi que pour venger la mémoire de mon vertueux oncle, mon bienfaiteur, qui est descendu *prématurément* dans la tombe, écrasé sous le poids d'une *immense* ingratitude.

Je me croirais coupable d'un acte de lâcheté et d'hypocrisie, si je cachais la *vérité*, et si, pour fuir le grand jour (de lumières) je me réfugiais dans les *ténèbres* et sous le voile de l'anonyme.

Depuis le jour où ma lutte s'est engagée avec l'Évéché, au sujet d'une affaire *purement* temporelle, j'ai constamment respecté la *juridiction* CANONIQUE de mon Evêque, et s'il y a eu de ma part *affaiblissement* de confiance et d'affection, je puis le dire, je ne suis *jamais* sorti du devoir de l'obéissance *ecclésiastique.* *)

Un prince de l'Eglise qui est un *Gallican* très éclairé, oserait-il exiger de ses prêtres une soumission *absolue*, une obéissance *passive* et *aveugle ?* Certes, dirons-nous avec un modeste savant et sans fiel, sans aigreur et sans récrimination, certes, l'obéissance est la première vertu du chrétien, puisque la foi n'est elle-même que l'obéissance de la raison. Mais nos Evêques sont nos *pères*, et jamais un père n'agit *arbitrairement.* L'obéissance n'est pas une chose *absolue*, elle est *relative* au *droit* de commander, et ce droit a sa règle dans la loi *divine* et dans la loi ecclésiastique. L'obéissance! Qu'est-ce à dire ?... Cela veut-il dire qu'une *décision épiscopale* est une *décision essentiellement* juste et *sans appel?..* Qu'un prêtre est un homme en dehors de toutes les lois *protectrices de l'innocence?* — Un *esclave*, nécessairement dévoué à toutes les volontés de son maître? Un instrument que l'on peut *briser* à son gré ? Une enclume sur laquelle chacun a le droit de frapper, depuis le petit pacha rural, *certains petits* curés *favoris* (celui de Mulh...., par exemple), l'important commissaire ecclésiastique, jusqu'au personnage éminent à qui Jésus-Christ a confié la houlette du bon pasteur?... Cela veut-il dire que, si un Talleyrand se glisse par *faveur* dans le corps épiscopal, il nous faudra courber la tête sous ses bénédictions *sacrilèges*...

---

*) Il est de *notoriété publique* que j'ai été jugé et condamné par mon Supérieur *spirituel*, sur des rapports faux et calomnieux, sans avoir été *entendu* et *dûment* appelé...

Tels sont mes principes sur l'obéissance d'un prê tre *séculier* du second ordre, et tels furent aussi le principes de feu mon oncle, Supérieur du Séminaire qui était tout à la fois un *profond moraliste* et u savant théologien.

J. B. L.

P. S. Il est à ma connaissance qu'on a fait *sonner bien haut* à Béfort un jugement *par défaut*, rendu contre moi par le tribunal de cette ville, au sujet de mes comptes du Collége de Lachapelle. J'ai interjeté appel de ce jugement, et, si cette affaire ne se termine pas par *arbitrage*, comme *j'ai lieu* de l'espérer, mes comptes seront débattus devant la Cour royale de Colmar. Des affaires de famille m'ayant empêché de me rendre sur les lieux, à l'époque fixée par le tribunal de Béfort, afin de donner des renseignements à mon défenseur, dans une cause aussi grave qui intéresse mon honneur et ma fortune, j'ai demandé un délai au président de ce tribunal, délai, qui m'a été refusé pour des motifs, que le public de Béfort saura apprécier aussi bien que moi.

STRASBOURG, de l'imprimerie de G. L. SCHULER.

www.ingramcontent.com/pod-product-compliance
Lightning Source LLC
LaVergne TN
LVHW010343230826
846091LV00009B/4011

* 9 7 8 2 0 1 9 9 1 4 8 1 3 *